10333 [**Rosny** (Joseph)]. Le Prêteur sur gages, ou l'intérieur des maisons de prêts, ouvrage critique, historique et moral formant suite à " l'Optique du Jour ". *Paris*, *André*, An VII (1799); in-16, demi-chag. vert foncé jans., tête jasp., éb. (46) 50 fr.

Orné d'un frontispice par Binet, gravé par Bovinet. Cet ouvrage, comme " l'Optique du Jour " auquel il fait suite, met en scène différente sorte de personnage : le fournisseur. — La rentière. — La Femme entretenue etc., (Lacombe, Bibl. parisienne, n° 378). Légère mouillure).

LE PRÊTEUR SUR GAGES.

Prenez la defroque de ce maraut, car il me faut absolument de l'argent.

LE PRÊTEUR SUR GAGES, OU L'INTÉRIEUR DES MAISONS DE PRÊTS,

*Ouvrage critique, historique et moral, formant suite à l'*Optique du Jour.

Par JOSEPH R****Y.

.... Turpi fregerunt sæcula luxu
Divitiæ molles. (JUV.)

A PARIS,
Chez ANDRÉ, Imprimeur-Libraire, rue de la Harpe, N°. 477.

AN VII DE LA RÉPUBLIQUE.

LE PRÊTEUR SUR GAGES, OU L'INTÉRIEUR DES MAISONS DE PRÊTS.

INTRODUCTION.

L'AUSTÈRE Destival était à peine guéri d'une cruelle et longue maladie (1), que son homme de loi,

(1) Voyez l'*Optique du Jour* ou le *Foyer de Montansier*.

chargé de la poursuite de son procès, lui adressa dans le fond du département du Puy-de-Dôme, une lettre bien circonstanciée, dans laquelle, après lui avoir rendu compte de la situation de ses affaires, il finissait par l'engager à faire un second voyage à Paris, afin de hâter la décision du tribunal. « Votre présence ici, lui marquait-il, devient indispensable ; les fonds que vous m'aviez confiés sont entièrement employés, mais il ne sont point suffisans, et pour accélérer le jugement, il devient, de toute nécessité, que vous fassiez encore quelques sacrifices. Vous savez que la justice est quelquefois lente, et que pour l'obtenir il est parfois nécessaire de pro-

» noncer le mot de *reconnaissance.*
» Ainsi, mon cher client, si vous
» voulez gagner votre procès, em-
» pressez-vous de venir solliciter
» vos juges vous-même. Surtout
» de l'argent, de l'argent, c'est le
» nerf des affaires ».

Ce dernier article n'était pas pour Destival, le plus facile à se procurer; le numéraire devenait extrêmement rare; la confiance diminuait de jour en jour, les bourses se resserraient de plus en plus; enfin, les plus riches étaient mal-aisés, et Destival, dont toute la fortune consistait dans ses vertus et sa considération, se trouvait d'autant plus dans l'embarras, que depuis quelque tems on ne trouvoit plus à escompter de pareils effets. Cependant il n'y avait pas à balancer. Il s'agissait de gagner un procès de vingt mille écus; ce qui, pour lui, était une somme considérable. S'il eût été célibataire, peut-être qu'avec ses principes de philantropie, il eût regardé comme au-dessous de lui de s'abaisser jusqu'à vouloir amasser de l'or; un métal aussi vil, n'eût pas été digne de fixer son attention; mais une épouse chérie, des enfans adorés, des indigens à soulager, furent les considérations puissantes qui le déterminèrent à suivre les conseils de son homme d'affaire. Quoique tous ses biens consistassent en une petite maison rustique, située aux pieds d'une des montagnes d'Auvergne; cependant sa réputation d'homme probre, lui fournit des ressources. L'argent était trop rare pour qu'on lui en prêtât, mais ses vrais amis, chose encore plus rare, lui offrirent des effets commerciables à Paris en lettres-de-changes, et payables à vue sur les meilleures maisons de banque.

Pour cette fois, la femme de notre moderne Caton ne voulut pas le laisser partir seul pour une ville aussi pervertie que Paris. Le souvenir du triste évènement qui lui était arrivé lors de son dernier voyage était encore trop récent; la tendre Herminie demanda pour toute grace à son mari, la permission de l'accompagner. Le complaisant Destival y consentit, d'autant plus volontiers, que cette chère épouse n'était point encore sortie de ces montagnes, et qu'un pareil voyage ne pouvait que l'instruire et la former. Etrange aveuglément! connut-on jamais les suites d'un pareil voyage? maris imprudens, redoutez pour vos chastes moitiés, le séjour contagieux d'une ville telle que Paris. L'exemple de la vertueuse Herminie vous offrira sans doute une sage leçon, sachez en profiter.

Après avoir mis ordre à leurs petites affaires; après avoir confié *Fillette* et *Benjamin*, leurs deux enfans, aux soins d'un vieux domestique, du fidéle Jérôme; voici nos deux jeunes époux sur la route de Paris, ayant le porte-feuille bien garni de papiers, et le cœur rempli d'espérances. En route, Destival et sa jeune compagne, délicieusement caressés par des idées agréables, envisageaient l'avenir sous l'aspect le plus avantageux. Des plaisirs, des bals, des fêtes, des spectacles, une société délicieuse, un procès gagné, tout cela était vraiment fait pour faire tourner la tête, mais tout cela ne s'obtenait qu'avec de l'or, et l'on sait que nos deux campagnards n'avaient que du papier et des lettres de recommandation.

Cependant ils arrivent à Paris. Oh! que de réflexions vinrent en foule s'offrir à l'imagination de la pauvre Herminie, en voyant en apperçu le tableau varié de cette grande cité! Quel effet ne produisit pas sur son ame encore neuve, le spectacle nouveau qui s'offrit à ses regards ! Combien de jouissances ne se promit-elle pas à la vue des jardins, des monumens, du luxe, de l'agitation générale et du mouvement perpétuel, qui la frappèrent dès le premier jour! Ce pays, se disait-elle, est enchanté; c'est un séjour céleste, divin : sans doute on n'y manque de rien : tout annonce l'opulence, on doit y avoir tout en abondance; quelle différence avec le département du Puy-de-Dôme! Oh non, je ne veux plus y retourner !

Herminie fit cette dernière réflexion tout bas, et se garda bien d'en faire part à son mari ; à peine était-elle arrivée sur ce sol séducteur, qu'elle apprenoit déjà à connaître la dissimulation. Plut au ciel que ce poison dangereux n'eût pas eu d'autres suites ; mais il est une destinée que l'on ne peut éviter : jamais l'homme n'a pu s'y soustraire.

Madame Destival savait par oui dire, que pour parvenir à Paris, il fallait en imposer et s'annoncer *dignement*. Elle savait que presque toujours, le succès dépend de la confiance, et que la confiance dépend de la première impression. Ce fut pour l'inspirer, que l'on choisit un appartement meublé avec élégance, et situé dans le centre des affaires. Que font vingt louis par mois, pour des gens qui vont toucher vingt mille écus? Ainsi raisonnait Herminie; son mari quoiqu'à regret, consentit à cet arrangement, et les voilà tous deux installés à *l'hôtel des Etrangers*.

Lorsque l'on eut un peu réparé les fatigues d'un long et pénible voyage, il fut question de faire usage des lettres de recommandation, et surtout de se faire escompter les billets dont on était porteur; mais ô contre-tems ! ô revers inattendu ! toutes les bourses sont fermées, tous les coffres sont à sec, tous les trésors sont épuisés, on ne trouve partout que de stériles regrets, et partout on s'accorde à dire que l'argent manque, qu'il a disparu.

Le feu du ciel seroit tombé aux pieds de Destival, qu'il eût été moins frappé, moins anéanti par ce coup affreux. Que faire ? que devenir dans une ville où l'on n'est point connu? Ce revers changea un peu les idées riantes de la novice Herminie. Paris n'était plus pour elle, la terre promise, ni le paradis terrestre; il était déjà devenu un séjour d'intrigues. Dans son premier moment de boutade, peu s'en fallut qu'elle ne demandât à retourner dans ses montagnes.

Cependant il n'y avait pas à reculer; l'homme d'affaires prétendait que le gain du procès ne tenait plus qu'à un fil, qu'à cent louis; il fallut bien les chercher. Toutes les demarches avaient été infructueuses, toutes les lettres de recommandations étaient restées sans réponses; il n'y avait plus qu'un moyen à prendre, celui de mettre en gage le peu de bijoux que l'on avait : il fallut s'y déterminer. On eût pu s'adresser au seul ami que l'on avait dans cette ville, à l'observateur *Floricourt*; mais qu'attendre d'un jeune étourdi tel que lui? D'ailleurs, Herminie lui en voulait à la mort; elle lui avoit juré sans le connaître, une haine éternelle, et Destival préféra s'en tenir à sa première résolution, plutôt que de s'adresser à un homme qui avait si justement encouru l'indignation de son Herminie.

Non loin de l'hôtel des étrangers, était un prêteur sur gage, nouvellement établi. Celui-là est sans doute un honnête homme, dit le nouveau débarqué, car il n'a point encore vieilli dans le métier; montons-y, nous serons moins sangsuré que partout ailleurs.

Que l'on se représente son étonnement, lorsqu'en s'adressant au chef de la maison, il reconnut Floricourt, son ami, son compagnon d'étude, et son camarade de plaisir; le même Floricourt qui l'avait conduit à Montansier. -- Quoi! lui dit Destival, te voilà ici? -- Oui, moi-même. -- Quoi! te voilà prêteur sur gage? -- Moi-même. -- Tu as embrassé un pareil état? -- Moi-même. -- Tu spécules sur la misère publique. -- Halte-là, reprit vivement Floricourt; je vois avec peine, que ton premier voyage à Paris ne t'a point changé : je vois que mes conseils et mes instructions ne t'ont point débarrassé de tes ridicules préjugés, et qu'enfin tu es encore un campagnard dans toute la force du terme. Apprenez, mon bel ami, que je ne spécule que sur *l'or*, et non sur la misère publique. J'avais des fonds, je me trouvais dans la nécessité de les placer ou de les dissiper, et je me suis arrêté au premier parti. Pouvais-je trouver un commerce plus assuré, que celui de prêter sur gage? on ne craint rien dans cet état (1); on ne redoute ni

(1) Abominable industrie! il y a concurrence. Vous trouverez dans chaque quartier des Maisons de Prêts sur nantissement. La police les surveille quelquefois. Ces maisons sont le dépôt des objets volés. — Spéculations déshonorantes et lucratives! C'est donc là qu'on a calculé les bénéfices à faire sur la mi-

les fraudes, ni les banqueroutes, ni les naufrages, ni les corsaires. — Destival allait répondre, et témoigner son indignation, lorsqu'Herminie à moitié reconciliée à la vue de Floricourt, fit signe à son

---

sère, les produits du besoin, et qu'avec l'horrible joie des démons, on s'empare du dernier lambeau que laisse tomber l'indigence.

Les fortunes bâties sur ces affreux moyens, rappellent le jardin anglais que Delaunay avait fait construire sur les cachots de la Bastille. Les fleurs qu'il y cueillait, avoient, pour ainsi dire, leurs racines au sein de ces lieux de désolation, et humectées des pleurs des malheureux, ne s'épanouissaient que sur des tombeaux.

(Extrait du nouveau *Diable Boiteux*).

mari pour lui imposer silence ; celui-ci s'imaginant que c'était par le principe politique qui enjoint de mé. nager celui dont on a besoin, se radoucit, et demanda à Floricourt des détails sur la nature de son commerce.

« Ma foi, lui répondit-il, jamais » il n'en fut de plus agréable » ni de plus assuré ; pour t'en con- » vaincre, je vais te confier nos » petits moyens de spéculation et » te faire connaître l'intérieur des » maisons de prêts. Passe la journée » avec moi, et cela suffira pour te » mettre au fait du négoce. D'ail- » leurs, madame, dit-il en fixant » Herminie avec un plaisir dont il » cherchait à se rendre compte, ne » sera pas fâchée d'apprendre quel-

» ques petits détails qui, pour elle,
» ne seront sans pas intérêt; il s'a-
» git d'exercer sa critique; c'est
» un passe-tems agréable. En at-
» tendant, nous allons déjeûner,
» et ensuite je m'empresserai de
» vous satisfaire ».

Herminie, qu'un regard demi-tendre avait appaisée, y consentit. On servit le thé; le thé pris, Floricour commença ainsi :

« Tu sais, mon cher, que les
» circonstances n'étaient point fa-
» vorables pour me former un éta-
» blissement. Effectivement, le
» manque de bonne foi et de con-
» fiance ayant brisé les ressorts du
» commerce, quel état pouvait-on
» choisir. Les marchands en gros
» se ruinaient, les marchands en

» détail en pullulant comme de
» la mauvaise herbe, se nuisaient
» les uns aux autres; les fournis-
» seurs de la république n'avaient
» plus de l'eau à boire, il ne me
» restait plus que l'état de simple
» employé; mais en fut-il de plus
» précaire, de plus amovible? le
» dernier manœuvre, n'est-il pas
» mille fois plus heureux que le
» commis dont l'existence dépend
» du caprice et de la volonté d'un
» seul chef qui peut le renvoyer
» sans pitié, sans miséricorde,
» tel que l'on renvoie un homme
» à gage. Je n'avais donc pas
» d'autre parti à prendre que de
» faire valoir mes fonds par moi-
» même, et après de mûres et de
» sages réflexions, je m'instituai

» prêteur sur nantissement. Au titre
» près, c'est un métier fort bon,
» fort honorable, on ne risque
» jamais du sien ; plus votre argent
» fait la navette, plus vos affaires
» vont bien ; je le repète, il n'est
» point de commerce plus assuré,
» ni plus lucratif. Tout en se con-
» tentant d'un petit intérêt de cent
» pour cent, on subsiste. Il est
» bien certaines petites ressources
» que nous appelons *revenans bons*,
» tels que la vente des objets non
» retirés à l'époque fixée, tels que
» l'adjudication faite *in-secreto*
» des effets que nous nous dispen-
» sons d'envoyer dans les ventes
» publiques, afin d'éviter les frais
» de procès-verbaux; tels enfin que
» les oublis, mécomptes ou erreurs

» qui se glissent dans nos opéra-
» tions. Mais du reste, nous vi-
» vons en fort honnêtes gens, et
» nous avons encore la satisfac-
» tion de rendre de fréquens ser-
» vices, moyennant une légère
» rétribution. »

Destival indigné de ce qu'il entendait, était sur le point d'éclater, de se répandre en reproches, lorsque se rappelant que l'aigreur rebute sans persuader, il préféra convaincre son ami par la sagesse de ses observations.

» Floricourt, lui dit-il, avec
» une indulgente bonté ; tu as
» un bon cœur, je suis étonné
» qu'avec tes principes d'huma-
» nité, tu te sois décidé à calculer
» les progrès de ta fortune sur
» la destruction des autres. Com-

» ment ta sensibilité ne se re-
» volte-t-elle pas à la seule idée
» de spéculer honteusement sur la
» livrée de la misère, sur le der-
» nier vêtement de l'indigent? S'il
» n'était que l'homme aisé qui ré-
» clamât tes secours, si tu ne re-
» cevais dans tes magasins que des
» objets de luxe ou le superflu
» des riches, leur insolence et le
» peu d'ordre qu'ils mettent dans
» leurs affaires, seraient ton ex-
» cuse. Mais combien ne dois-tu
» pas souffrir en faisant payer le
» double à la mère de famille,
» le pain qu'elle distribue à ses
» enfans?... Comment peux-tu de
» sang froid retenir le manteau du
» pauvre dont il se couvre pen-
» dant l'hiver. Comment en un

» mot, peux-tu nager ici dans
» l'opulence, avoir un domestique
» nombreux, une table somptueuse,
» tandis qu'à chaque heure du jour,
» tu vois couler les larmes du
» pauvre, tandis qu'à chaque
» moment les cris du désespoir
» viennent frapper tes oreilles!
» Cette dureté n'est-elle pas avi-
» lissante? Quoi, tandis qu'au sein
» de tes vils flatteurs, au milieu
» d'une cour nombreuse de lâches
» parasites, tu dissipes dans un
» repas, souvent pour un seul mets,
» la somme que le rentier vient
» te demander en rougissant pour
» nourrir pendant un mois, sa
» triste et malheureuse famille;
» toi, tu te rejouis, tu te féli-
» cites de ses besoins, et tu fais

» des vœux pour que sa détresse » augmente ! Ah ! mon ami, je » ne te reconnais pas là ; ton in- » sensibilité te dégrade autant » qu'elle m'afflige. »

Un grand éclat de rire fut la réponse de Floricourt; « imbécille que » tu es, lui dit-il à son tour, tu » seras donc toute la vie la dupe » des apparences ? Quoi, parce » que nous recevons en dépôt, » depuis le rubis de la courtisanne, » jusqu'à l'habit du mendiant ; tu » t'imagines que nous commettons » un crime, un manque de délica- » tesse. Destival, désabuse-toi ; » fort souvent c'est moins la mi- » sère que la débauche qui con- » conduit chez nous les emprun- » teurs. Il est une foule de gens

» de tous les sexes, de tous les
» âges, de toutes les classes qui
» ne viennent reclamer nos secours,
» que pour satisfaire leurs pas-
» sions, leurs goûts, leurs plaisirs.
» Un grand nombre d'entr'eux te
» paraîtrait plus méprisable que
» le prêteur, si tu connais-
» sais le motif de leur emprunt.
» Je veux t'en convaincre par des
» exemples. Tiens, j'entends ou-
» vrir la porte du bureau; c'est
» sûrement un de ceux dont je te
» parle; reste ici, écoute et ob-
» serve. »

CHAPITRE

CHAPITRE PREMIER.

L'Homme du Jour.

VITE, vîte, citoyen, je suis pressé, dix louis sur cette montre; je vous en prie, ne perdons pas de tems, je devrais déjà être à Bagatelle.—Dix louis, dit Floricourt, en regardant avec attention la montre enrichie de diamans qu'on venait de lui remettre; cela est impossible, je ne puis en donner que cinq. — Que cinq! y pensez-vous, un bijou de cinquante louis! — Cela se peut, mais l'argent est rare, les pierreries sont diminuées, et mon offre est raisonnable. --- Eh bon dieu, que ferais-je avec cinq louis; je suis forcé de conduire une femme au bois de Boulogne; nous devons y passer la journée; où irais-je avec 120 francs pour deux? - J'en suis fâché?-- Ah! de grace, complettez les 200 francs; je suis perdu si vous ne me rendez pas ce petit service. — Je ne sais qu'y faire. --- Mon cher monsieur, laissez-vous aller; vous me feriez manquer la plus jolie partie, le plus joli petit tête-à-tête. --- J'en suis au désespoir? — Vous parlez sérieusement? --- C'est mon dernier mot. --- Il y a de la barbarie dans votre fait; me laisser éprouver un affront pour une babiole.... Un homme tel que moi... en vérité, citoyen... je suis perdu... déshonoré... comment faire?... il me vient une idée... attendez... dans l'instant, oui, dans la minute je suis de retour...

Le voilà parti. Eh bien, dit Floricourt, cet homme est-il digne de compassion; en recevant sa montre, est-ce comme tu le dis, spéculer sur la misère publique? Tu le vois, il lui faut dix louis pour aller conduire une élégante dans un wisky, ou dans un char doré, traîné par quatre coursiers. Sa journée lui coûtera peut-être ce que coûterait la dépense d'un ménage entier pendant plusieurs mois; pour satisfaire ses caprices, ses passions, sa vanité, il va puiser dans toutes les bourses, contracter des engagemens qu'il ne remplira jamais, et par ce moyen hâter sa perte. Cet homme est un de ceux que l'on appelle *hommes du jour*. En effet, leur règne n'est pas plus long que celui de la belle dont ils sont les dignes chevaliers. Celui-ci avait amassé quelqu'argent par je ne sais quel moyen ; mais grace à son activité, le voilà entièrement ruiné ; il n'a plus que quelques jours à briller, car il paraît furieusement déchoir, et au train dont il y va, cela ne peut pas durer long-tems. Au surplus, nous allons voir quelles sont ses ressources ; il va revenir, nous serons à même d'en juger.

Destival étonné de tout ce qu'il venoit de voir et d'entendre, était prêt à se retracter de l'opinion désavantageuse qu'il avait conçue de son ami, lorsque l'homme à la montre reparut accompagné d'un jockey à chapeau rond, et galonné sur tous les bords. — Je ne puis, dit-il, en entrant, vous donner de bijoux en nantissement; mais je vous dépose ce petit *drôle*, ou du moins l'habit qu'il porte, et vous prie de me parfaire ma somme; je puis me passer aujourd'hui de ce *maraut*, ainsi emparez-vous de sa défroque. Floricourt, quoiqu'avec bien de la peine, se décida à donner les deux cents francs demandés; l'enfant fut en un instant déshabillé, dépouillé, et s'en alla en versant des larmes de honte et d'humiliation, tandis que son maître sans faire la plus légère attention à sa situation, disparut, et s'empressa d'aller joindre l'heureuse mortelle dont les caprices et la vanité étaient satisfaits aux dépens de l'honneur et de l'humanité (1).

On laisse à penser l'effet que produisit sur le cœur du bon et généreux Destival, la scène qui venait de se passer. Les réflexions qu'elle lui inspira, étaient trop avilissantes pour s'étendre sur une pareille action. Il se contenta de rougir pour son auteur, et de plaindre ses pareils.

---

(1) Cette anecdote est véritable, et tient sa place dans les annales de la plus insigne débauche.

CHAPITRE II.

Le Fournisseur.

A peine cet homme méprisable avait le dos tourné, que la porte s'ouvrit avec fracas, et laissa appercevoir un gros homme trapu et tout bouffi d'orgueil et d'impudence. Il était accompagné d'un autre homme grand, sec et vêtu de noir. Citoyen, dit à Floricourt le fat à courte structure : j'ai besoin sur-le-champ d'une somme de dix mille francs pour parfaire le paiement d'une maison de campagne dont je viens de faire l'acquisition ;

j'ai trois équipages complets que je vous offre en nantissement. -- Cela peut se faire, répondit Floricourt; il s'agit seulement d'en prendre connaissance. -- Donnez-vous la peine de me suivre; mon hôtel est situé vis-à-vis, dans l'instant nous serons de retour.

Ils partent tous trois, et reviennent un moment après. -- Non, disait Floricourt à l'emprunteur, je ne puis que vous prêter que deux mille écus, et je retiens les intérêts en-dedans. Cela formera à-peu-près cinq mille francs : voyez si cela vous convient. -- Monsieur s'en contentera-t-il, dit-il, en s'adressant au grand homme noir? -- Impossible, répondit celui-ci; il me faut dix mille francs, ou votre maitresse ne couchera pas ce soir dans la maison que je vous ai vendue. -- Quelle barbarie! -- Non, ajouta-t-il, je ne souffrirai jamais qu'on lui fasse un pareil affront; une femme que je ne connais que depuis peu de jours... je ne me le pardonnerais pas; tenez, ajouta-t-il, en s'adressant à Floricourt, je sais faire des sacrifices, surtout quant il s'agit de faire les choses grandement. Voici des brillans et une montre enrichie de diamans, je vous les abandonne; mais satisfaites monsieur....

L'argent fut compté, les objets furent déposés, et l'homme à grands procédés courut en sautant de joie, mettre en possession de sa nouvelle acquisition, celle qu'il connaissait depuis deux jours.

Croiras-tu encore, dit Floricourt à Destival, lorsqu'ils furent partis ; croiras-tu que je ne sangsure que les malheureux? Vois cet original qui sort d'ici; est-il digne de ta pitié? C'est pourtant un fournisseur de nos armées, jadis simple coïffeur, et qui profita des orages qui voilèrent les premières années de la révolution, pour faire une fortune brillante; mais il a la manie de vouloir passer pour un homme libéral, et d'imiter nos anciens financiers qui ne croyaient pas trop acheter les faveurs d'une belle, en les payant au poids de l'or, ou en leur assurant pour leur vie, une rente ou une propriété qu'elles consommaient avec autant de facilité qu'elles les avaient acquises. Celui dont nous parlons, à force d'avoir fait de semblables actes de générosité, a épuisé en trois années les deux millions que sa loyable industrie avait amassés, et quoiqu'il sente bien qu'il en est à sa dernière ressource, il ne veut point déroger de sa réputation d'homme libéral, ni déchoir du ton qu'il a soutenu jusqu'à ce jour. Par le dernier sacrifice qu'il vient de faire, il réduit à l'indigence sa femme et ses enfans, mais cette considération est trop faible pour l'arrêter. Si la belle qui est actuellement en faveur, a l'adresse de flatter son amour-propre; elle va lui sous-tirer jusqu'au dernier écu, et ne manquera pas, selon la coutume, de lui tourner le dos lorsqu'il sera entièrement ruiné. Alors le voile épais qui obscurcit sa raison commencera à disparaître, et notre homme restera seul, isolé, sans autres compagnons que ses remords et le mépris qu'il inspire.

CHAPITRE

CHAPITRE III.

La Rentière.

En parlant ainsi, une femme de trente ans environ, vêtue d'un ajustement noir, et le visage couvert d'un large crêpe, s'avance en rougissant, tire en tremblant de sa poche une boîte d'écaille à cercle d'or, renfermant un portrait qu'elle annonce comme le seul bien qui lui reste... Citoyen, je ne demande que dix écus sur ce bijou... cependant je ne le donnerais pas pour mille...

Floricourt s'empare de la boîte, la re tourne, la regarde en tous sens, la soupèse dans sa main, et finit par éprouver le titre de l'or sur sa pierre de touche. Voulez-vous dix francs? lui dit-il; c'est la valeur réelle et intrinsèque de la matière. --- Et le portrait, vous le comptez donc pour rien. --- Cela est vrai, répondit le prêteur en riant; un seul gros d'or serait bien plus intéressant. --- Cher époux, reprit l'inconnue, en jetant sur son effigie un regard de douleur; faut-il que ta malheureuse amie soit réduite à cet excès d'humiliation!... Citoyen, dit-elle à Floricourt, avec un son de voix qui décélait le trouble de son ame, ce portrait est celui d'un mari adoré qui n'est plus de ce monde, et qui ne m'a laissé que cette boîte pour tout bien; elle est à mes yeux, ce que j'ai de plus précieux; pourriez-vous croire que je vous l'abandonnerais pour une si faible somme?... --- Cela peut être, reprit l'insensible spéculateur, mais vous sentez bien, ma chère dame, que si nous nous mettions sur le pied de prêter sur une valeur idéale, que nos fonds ne seraient guère assurés. Apportez-moi des effets bons et solides, et alors je vous donnerai du comptant, mais sur de semblables objets, vous ne trouveriez pas un sol. -- Hélas, citoyen, je ne possède plus rien. Je suis une infortunée rentière qui reste veuve avec plusieurs enfans en bas âge.... Les malheureux manquent de pain.... Dans le moment présent ils en demandent à grands cris.... Peut-être accusent-ils leur mère de leur avoir donné l'existence.

Ici les larmes la suffoquèrent : tenez, citoyenne, lui dit Destival, en lui présentant les dix écus qu'elle demandait, voici la somme dont vous avez besoin. Remportez votre boîte, qu'elle vous soit toujours chère ; lorsque vous pourrez acquitter cette dette, vous remettrez les fonds dans cette maison ; je ne veux que votre parole pour nantissement.

L'intéressante affligée ne peut répondre ; elle se contenta de jeter sur son bienfaiteur un regard qui peignait la reconnaissance dont son ame était pénétrée, et posant le portrait sur son cœur, elle se hâta d'aller rejoindre ses enfans en versant des larmes d'attendrissement.

A son départ, succéda un moment de silence, causé par la honte qu'éprouvait Floricourt de s'être laissé prévenir dans cet acte de bienfaisance. Destival s'appercevant de son embarras, rompit le premier ce silence, pour lui pénible et humiliant, en cherchant à à lui sauver un moment de confusion. Heureusement pour lui une scène nouvelle vint fort à propos occuper sa critique et justifier, en quelque sorte, son inhumanité.

CHAPITRE IV.

La Femme entretenue.

La porte s'ouvrit de nouveau et se referma sur une jeune femme, vêtue en négligé du matin, et accompagnée d'une femme-de-chambre qui paraissait vivre avec sa maitresse dans une sorte d'intimité plus que familière. Elle déposa sur le bureau un esclavage garni de brillans et des mieux finis, en demandant une somme suffisante pour acquitter, disait-elle, une dette sacrée. Ce qu'elle appelait l'acquittement d'une dette sacrée, n'était autre chose que l'achat d'un cadeau de prix qu'elle voulait faire à un danseur de l'Opéra, qui dès la première entrevue, avait eu le bonheur de se faire aimer : il s'agissait de lui donner un médaillon entouré de perles fines, dans lequel était enchassé le portrait de la belle; on venait emprunter douze louis pour achever de payer le bijoutier qui refusait de délivrer l'objet avant d'avoir reçu le restant de la somme. Le jeune homme, extrêmement amoureux, desséchait d'impatience, et se mourait de desirs d'avoir en sa possession le portrait chéri; on ne pouvait, en conscience, faire languir un amant aussi rare, et c'était pour seconder son empressement qu'on venait mettre en gage le collier précieux qu'on tenait de la libéralité d'un entreteneur riche et généreux, mais importun et détesté de droit, puisqu'il payait. Les dix louis furent comptés, et nos deux femmes sortant à la hâte, s'empressèrent de se rendre chez le bijoutier, possesseur du présent destiné, et que l'on brûlait d'envie d'offrir.

Voici, dit Floricourt, lorsqu'elles furent parties, nos meilleures pratiques. Ces sortes de femmes que l'on nomme filles entretenues, nous rendent quelquefois dix visites par jour, et viennent aussi souvent, que leurs caprices ou leurs folles dépenses l'exigent. Celle-ci est entretenue par un de nos financiers modernes, et entretient à son tour un danseur de l'Opéra, qui entretient par contre-coup la femme-de-chambre que vous venez de voir. Ils se trompent tous les trois sans qu'aucun s'en doute, et tous vivent en très-bonne intelligence. Ainsi va le monde; la moitié des humains trompe l'autre, et personne en pareil cas, n'a le droit de se plaindre.

O mœurs! s'écria Destival! quel changement! quelle corruption (3)!

---

(1) Les esprits ont-il gagné en profondeur? Je ne sais, mais ils ont perdu en superficie. On a bien toute la corruption que donnent les richesses; mais on n'a plus cette facilité de ton, cette aménité de caractère, cette attention des bienséances (la bienséance est la sensitive),

Tout cela n'a plus rien d'étonnant, interrompit Floricourt; dans ce bas monde, on est accoutumé à ces sortes d'arrangemens. La reconnais-

---

cet oubli de soi-même, enfin ces égards pour les autres, qui caractérisent l'individu bien élevé, et qui obtenaient pour l'homme opulent ou supérieur, l'indulgence qu'en bonne morale, il est obligé de solliciter.

Les femmes!.. les femmes sont hommes, et de voix, et de gestes, et de tons, et de manières; elles dissertent, vous provoquent, montent à cheval, s'enivrent, s'abandonnent.

Une femme n'est plus qu'un instrument de jouissances qui s'achète comme autre chose. Demandez-le à Dorimond, ses chevaux coûtent plus cher que ses maîtresses.

(Ext. du docteur *Didaculus*).

sance et la fidélité sont deux fardeaux trop incommodes pour les cōnserver long-tems. La société n'est plus la même ; ce que tu appelles corruption, en est la base, la diversité en fait le charme, et l'intrigue en forme les délices; enfin, tout est changé; et comme le docteur Panglose, je suis tenté de dire, que tout ici bas va pour le mieux. S'il n'y avait dans ce monde que des gens raisonnables, nous serions réduits à desirer la folie.

CHAPITRE V.

La servante.

FLORICOURT parlait ainsi, lorsque des éclats de rire qui partaient de l'escalier, vinrent frapper ses oreilles, et bientôt il vit paraître la même soubrette qui venait d'accompagner sa maitresse un moment auparavant, et qui chargée par elle d'aller porter à son amant le médaillon en question, accourait avec lui le mettre en gage. Ils s'étaient donné rendez-vous, non loin du bijoutier, et c'étaient eux qui en montant les degrés, s'amusaient aux dépens de la crédule Laïs, tout en riant de sa simplicité.

Le médaillon fut pesé et mis en nantissement pour sa valeur entière. L'argent fut partagé, et tous deux en redoublant leurs éclats de rire, et en renouvelant leurs bruyans transports, se retirèrent chacun de leur côté.

Tu vois ce joli portrait, dit Floricourt, eh bien, je le regarde comme étant à moi; afin qu'il me reste, j'ai eu l'attention de prêter un peu au-dessus de la valeur effective du médaillon, et d'après cette précaution, je suis certain qu'on ne viendra pas le rechercher.

Quelle réflexion humiliante pour

son sexe, fit en cette occasion madame Destival! elle en rougit pour celle qui ne rougissait plus, et Floricourt enchanté d'avoir trouvé l'occasion de légitimer, pour ainsi dire, tout ce que son genre d'état pouvait avoir de rebutant, essaya de le justifier de la manière suivante :

« Rien n'est plus utile pour la
» société, que l'ingénieuse ins-
» titution des maisons de prêts.
» Ce que tu appelles mal-à-propos
» spéculation mercénaire, est au
» contraire, pour toutes les classes
» des citoyens, une source d'uti-
» lité, et l'asile de la bienfaisance.
» Le pauvre comme le riche, le
» jeune comme le vieux, tous in-
» distinctement trouvent ici des
» ressources qu'ils ne trouveraient

» point ailleurs. Moyennant un » faible intérêt, ils ont la certi» tude de retrouver intacts, les » effets qu'ils déposent, et dont » ils ne retireraient pas la moitié » de la valeur, s'ils étaient dans » l'obligation de les vendre. L'a» vantage qu'ils en retirent, est » donc bien réel et bien reconnu, » et les clameurs qui s'élèvent de » toutes parts contre nos établis» semens, sont injustes et déplacées. » En vain on assure que nos mai» sons sont le refuge et le dépôt » des objets volés; cela, j'en con» viens, arrive quelquefois; mais » les réglemens auxquels nous som» mes assujettis, facilitent les » moyens de découvrir et le vol » et le coupable. Cela nous met,

» il est vrai, fort souvent aux prises
» avec la police, mais nous savons
» toujours nous tirer d'affaire;
» nous en sommes quittes pour pro-
» duire nos registres de tems à
» autre, ce qui nous met dans
» la nécessité de commettre quel-
» ques oublis en négligeant d'ins-
» crire certains articles, tels que
» des marchandises anglaises ou
» prohibées. Ce moyen est le seul
» pour éviter la saisie, et encore
» n'en sommes-nous pas toujours
» à l'abri; alors, quand on nous
» prend *in flagrante delicto*, nous
» sommes condamnés sans miséri-
» corde, à des frais, des amendes,
» dommages et intérêts. Aussi pour
» réparer ces pertes journalières,
» sommes forcés de saisir les co-

» casions qui se présentent de » rétablir dans notre caisse, les » fonds qui s'en trouvent distraits. » Lorsqu'un emprunteur néglige de » retirer à l'époque fixée l'objet » déposé en nantissement, nous » nous faisons un devoir de rem- » plir nos engagemens, et l'on » peut être certain qu'aussitôt le » terme expiré, l'objet est vendu; » alors pour éviter les frais d'en- » régistrement, nous avons le soin » de nous l'adjuger sous le man- » teau de la cheminée; et lorsque » nous en sommes réduits à cette » extrémité, le propriétaire est » assuré que le surplus qui lui re- » vient n'est point considérable; » nous avons toujours soin d'ob- » server que le résultat de la vente

» ne surpasse pas de beaucoup
» la valeur prêtée. Sans ces petits
» moyens d'arrangemens, nous
» serions fort souvent dupes de nos
» opérations; et comme on doit
» toujours metire de l'ordre dans
» ses affaires, il est bon de remplir
» à la lettre, les obligations que
» l'on s'est imposées; ainsi, mon
» cher, continua Floricourt, tu
» vois que nous ne sommes point
» aussi blâmables qu'il plaît à
» l'opinion publique de le dire;
» au surplus, pour achever de t'en
» convaincre, continuons nos ob-
» servations; j'entends quelqu'un;
» silence.

CHAPITRE VI.

Le porteur d'eau.

La porte s'ouvre : Citoyen, g'na pas ici de bon Dieu, dit en entrant un porteur d'eau encore révêtu de ses bretelles ; y m'faut cent beaux écus en numéraire métallique. -- Sur quoi les voulez-vous emprunter ? -- J'savons ben qu'il vous faut à vous autres du comptant, et que vous n'êtes pas gens à prêter sur des coquilles de noix ; aussi, j'vous apportons du solide. Tenais, monsieur le prêteux, voici douze beaux et bons couverts à filets d'argent que j'vous apportons à l'insu de notre bourgeoise qui n'en sait rien ; car, entre nous soit dit, il n'est pas toujours bon que les femmes sachent tout : dépêchons-nous, je vous prie, car notre petite particulière est pressée, et j'dis, ça serait vraiment dommage de la faire bâiller aux mouches en lui tenant le bec dans l'eau. -- Quoi ! l'ami, dit Floricourt en riant, c'est pour une maitresse que vous avez besoin d'une pareille somme? -- Jarny, pourquoi pas? faut ben la mettre dans ses meubles ste petite. C'est ben la pus gentille fille du quartier. Ça vous a une mine si appétissante, qu'ça vous ferait revivre un mort; mais faut pas la faire attendre : vîte, baillez-nous de l'argent, qu'j'allions payer le premier terme de son appartement; c'est là le pus pressé.

Les couverts étaient des plus beaux, et leur valeur surpassait encore la somme demandée. Lorsqu'ils furent pesés, Floricourt compta l'argent, et le porteur d'eau, après l'avoir mis dans une bourse de cuir bien sale et bien grasse, sortit en chantant.

L'étonnement de Destival était sans égal; sa surprise était extrême; il ne pouvait concevoir comment un homme qui gagnait sa vie à la sueur de son front, pouvait amasser une pareille quantité d'argenterie et faire de semblables dépenses. « Nous sommes accoutu-

més à cela, lui dit Floricourt ; il
» n'est pas de jours que nous ne
» voyons de semblables exemples.
» Tout est bouleversé ; jamais les
» apparences ne furent plus trom-
» peuses : l'élégant ne vit que d'in-
» dustrie, et fort souvent est ré-
» duit à son dernier écu, tandis
» que le commissionnaire et le por-
» teur d'eau ne se refusent rien
» dans l'intérieur de leur maison,
» et fort souvent, font une meil-
» leur chère que les pratiques qui
» les soutiennent. Celui qui sort
» d'ici, a chez lui une quantité as-
» sez considérable d'argenterie,
» pour que sa femme ne s'apper-
» çoive pas de l'absence des douze
» couverts qu'il vient de mettre en
» gage. Tu vois qu'il imite dans

» son genre nos richards qui, pour » se mettre à la mode, ruinent » leur famille pour entretenir des » maîtresses. Cet homme, dont » l'aisance t'étonne, est plus rassuré que toi sur son existence à » venir; et cependant, plus par un » reste d'habitude, que par nécessité, il continue de porter de l'eau » aux cinquièmes étages pendant » le courant de la journée, et les » soirs fait bombance, chez les plus » célèbres marchands de vin du » quartier. Encore quelques exemples pareils à celui-ci, et ton » instruction sera achevée ».

CHAPITRE VII.

La pauvresse.

NOTRE historien parlait encore, lorsqu'une vieille femme toute couverte de haillons, se présenta avec assurance. --- Que nous apportez-vous la bonne, lui dit Floricourt? --- Je n'apporte point, lui dit-elle, je viens au contraire vous demander. --- Quoi? --- Une boîte en or que je vous ai déposée voilà un mois, avec quelques autres brimborions qui m'appartiennent.

En disant cela, cette vieille tira de sa poche toute déguenillée, dix beaux

beaux doubles louis qu'elle compta sur la table, et réclama le dégagement des effets qu'elle annonçait.

Il n'y avait rien à dire, c'était elle-même qui les avait mis en nantissement. On ne pouvait, malgré les apparences, les supposer volés; la signature était la même; il fallut bien les lui rendre. Floricourt courut à son armoire chercher la boîte en question, et la lui remit avec d'autres bijoux de prix qu'elle renfermait. La vieille enveloppa le tout dans un vieux mouchoir en lambeaux, et disparut.

Quand elle fut partie, Floricourt s'appercevant de la nouvelle surprise qu'éprouvait son ami, lui dit :

Je devine le sujet de ton étonnement : « tu ne peux concevoir
» qu'une femme qui fait la profession de mendier, soit possesseur de pareils bijoux, et qu'avec
» de semblables ressources, elle
» puisse se décider à demander
» sa vie. Rappelle-toi cette pauvresse à la mort de laquelle
» on trouva dans sa paillasse quarante mille francs en or, et bien,
» celle-ci lui ressemble. Elle est
» du nombre de ces misérables qui
» abusant sans pudeur du titre intéressant de rentier, se sont fait
» sans besoin, une habitude de
» mendier, et exercent depuis le
» commencement de la révolution,
» le vil métier d'exciter la pitié des
» passans, en dérobant aux vrais

» pauvres les secours qui devraient
» leur appartenir. Cette classe de
» femmes méprisables n'est que
» trop commune, elle augmente de
» jour en jour, et fait tort à celle
» qui est réellement souffrante. »

Après cela, accuse-nous, si tu l'oses, de calculer nos jouissances sur les larmes de l'infortune.

CHAPITRE VIII.

L'homme aux expédiens.

UN jeune fat, à cadenettes, bien brossé, bien poudré, bien ciré, arriva dans ce moment fort à propos pour faire contraste avec la vieille qui venait de sortir. Un wisky de louage l'attendait à la porte; sa tournure était celle d'un élégant favori des belles. Sa mise était recherchée, et sa tenue annonçait un homme aisé.

Qu'y a-t-il pour votre service, lui dit Floricourt? — Mille pardons mon cher monsieur, lui répondit le fat, je vous dérange pour peu de choses; mais je suis éloigné de de mon hôtel, mon domestique n'est point avec moi : j'ai besoin d'un seul écu de six francs, veuillez me le prêter. En disant cela, notre emprunteur tira de sa poche une chemise demi-sale, et la posa sur le bureau.

Je ne puis, lui répondit Floricourt, recevoir un pareil effet dans l'état où il est; d'ailleurs, il n'est point suffisant pour me répondre de la somme que vous demandez, toute modique qu'elle soit. --- De grace, obligez-moi. --- Je ne puis. --- Vous me mettez dans le plus cruel embarras. --- Je ne saurais qu'y faire. --- Le cocher qui m'a conduit est ivre, ce coquin me demande six francs pour sa course, et je ne les ai pas.

Cet humiliant aveu fut fait sans rougir; son auteur paraissait accoutumé à de semblables affronts, et sans paraître en souffrir, il dénoua le mouchoir qu'il portait au cou, et obtint avec ce surcroît l'écu qu'il demandait. Après avoir signé le registre, et promis qu'il reviendrait le soir même, il descendit, paya son phaéton et s'en retourna chez lui à pied, sans suite, et en voisin.

» Voilà, dit Floricourt à Destival lorsqu'il fut parti, ce que » nous appelons intrigans, ou » *hommes à expédiens*. Ces sortes » de gens ne sont point rares, et » nous en voyons journellement

» qui, sous les dehors de l'opulence » et de l'orgueil, apportent ici » jusqu'à leurs mouchoirs de » poche. Ils sont si communs qu'ils » fourmillent dans tous les coins de » Paris; aussi l'on ne saurait trop » se mettre en garde sur leur ma- » nière de se faire de l'argent, et » comme ils le disent de *battre* » *monnaie*. Leurs moyens d'indus- » trie sont d'autant plus dangereux, » qu'il conservent pour eux les » apparences, et qu'ils parvien- » nent presque toujours à capter » votre bienveillance sous les » dehors les plus séducteurs. Des- » tival, de pareils gens sont-ils » dignes de pitié? »

Destival à moitié convaincu, et n'ayant rien à répondre, se contenta de faire un signe de tête sans mot dire, et se livra à ses sombres réflexions sans oser en faire part à Floricourt, qui s'applaudissait de n'avoir eu jusqu'alors que des motifs d'excuses; mais il était à la veille de détruire en un instant tout son prétendu mérite, et son insensibilité était sur le point de percer à travers les beaux principes dont il faisait parade.

CHAPITRE IX.

Le Comédien.

Un jeune homme vêtu d'une large houppelande, et portant une valise sous le bras, demande à parler au prêteur sur gages; me voici, lui dit Floricourt; que puis-je faire pour vous? --- Citoyen, lui répondit l'inconnu, je suis artiste dramatique, et habituellement je joue la tragédie dans les départemens; en passant par Paris, je cédai à la tentation de parcourir les bals et les lieux de plaisirs dont cette ville abonde. Hier en en sortant, je m'apperçus qu'on m'avait volé ma bourse dans laquelle étaient renfermées mes épargnes, unique produit de mon talent ; mon embarras est d'autant plus grand, que je suis engagé dans une troupe ambulante, et que le directeur n'attend plus que moi pour faire de l'argent. Si vous ne venez à mon secours, moi je suis un homme perdu de réputation, et mon directeur est un homme ruiné.

La valise fut en un instant ouverte, et les effets exposés sur le bureau. On vit la tunique d'Orosmane, et l'habillement de Mahomet, exposés à l'estimation d'un prêteur sur gages, et réduits au rabais par sa cupidité. — Cet habit seul, dit le jeune homme, m'a couté plus qu'une garde-robe entière. Voyez comme il est frais, comme il est brillant; à la lumière, ça vous fait un effet superbe. --- Je n'en disconviens point, répondit Floricourt; mais ces sortes d'objets ne sont pas de vente, et je les garderais bien toute la vie sans pouvoir m'en défaire ni retirer l'intérêt de mon argent; cependant si vous voulez dessus douze francs, je vous les offre. --- Y pensez-vous, répondit l'artiste dramatique; cette toge seule, en montrant celle d'Orosmane, fait courir le public dans toutes les villes où j'exerce mon art. Il n'est pas un confrère qui n'en donnât volontiers la moitié de ses appointemens à venir. --- Oui, je le crois, mais comme c'est du comptant dont nous avons besoin, et que vos confrères en ont rarement en reserve, je ne puis faire votre affaire. — Citoyen prêteur, seulement un louis. — Je ne puis. — Seulement dix-huit francs. — Impossible. — Eh bien, donnez...

Les douze francs proposés furent comptés, la défroque tragique fut réléguée dans le bas d'une grande armoire poudreuse, et l'artiste partit pour sa destination, sans doute pour jouer la tragédie en houppelande, ou en pantalon et en veste.

La sensibilité de Destival eut beaucoup à souffrir en songeant que ce pauvre diable, pour faire son voyage, avait été forcé de se défaire de sa garde-robe qui lui était aussi nécessaire pour gagner sa vie, que le pinceau l'est au peintre, ou la plume au poëte; mais sa compassion fut modérée par l'idée que le défaut de conduite pouvait avoir un peu de part à l'extrémité dans laquelle il se trouvait réduit. -- Rien n'est plus certain, lui dit Floricourt. Le vrai talent n'est jamais dans la détresse (1); la réputation tient lieu d'argent, et les ressources abondent de toutes parts. La médiocrité seule est exposée aux revers de fortune, et cet homme qui sort d'ici est, j'en suis presque sûr, du nombre de ces êtres méprisables,

(1) Ce raisonnement n'est pas toujours fondé. A la honte de notre siècle on a vu et l'on voit encore des hommes d'un grand mérite, vivre ignorés et mourir dans la plus grande misère.

qui, entraînés par la débauche ou le défaut d'ordre sont journellement réduits à la dernière extrémité. Ainsi, mon cher, ce n'est point encore cette classe de gens qui peut me rendre coupable à tes yeux ni m'attirer de ta part, l'épithète de *vil speculateur*.

CHAPITRE X.

L'Escroc.

L'INCONNU qui succéda à celui-ci, acheva de justifier en apparence, la dureté et l'insensibilité des prêteurs sur gage. Cet étranger prévint d'abord en sa faveur. En effet, sa mise était celle d'un homme aisé; sa figure annonçait la loyauté; son extérieur était simple et modeste. -- Citoyen, dit-il à Floricourt d'un ton tout à la fois timide et rassuré; il est des circonstances dans la vie, où l'on se trouve forcé de sacrifier l'amour-propre à la nécessité..... J'ai besoin de quelques louis pour remplir une dette d'honneur; veuillez me les prêter sur cette montre et cette chaine d'or....

Ces deux objets avoient beaucoup d'éclat; leur possesseur inspiroit encore plus de confiance, et Floricourt négligea en cette occasion de se servir de sa fidelle pierre de touche. La somme fut comptée; l'homme simple et modeste les reçut en rougissant, promit de venir dégager le dépôt dès le soir même; mais ce fut ce qu'il oublia; la montre et la chaîne étaient fausses.

Ce fut par le plus grand hasard que Floricourt s'en apperçut : un des chainons qui, par malheur, était dessoudé, fixa son attention et lui donna l'éveil. Il eut aussitôt recours à l'eau forte, et ne tarda pas à avoir l'intime conviction qu'il était complettement dupé.

Voilà dit Floricourt, à quoi nous sommes chaque jour exposés. Si nous dérogeons un seul instant à nos principes de méfiance, nous avons aussitôt lieu de nous en repentir. Nous avons encore une autre espèce de déchet qui diminue le revenu de notre état. Il est telles ou telles marchandises qui tombent tout d'un coup et diminuent de valeur d'un moment à l'autre; et si nous n'avions pas l'attention de nous dédommager sur celles qui renchérissent, nous serions chaque jour exposés à porter nos propres effets en nantissement; et c'est en faveur de ces pertes journalières, que notre conscience est à son aise lorsque nous nous permettons quelques petites irrégularités dans nos opérations.

CHAPITRE XI.

Le Joueur.

A peine Floricourt a-t-il achevé, qu'un homme tout essouflé, tout en sueur arrive, pose sa montre sur le bureau, demande plusieurs louis, les reçoit et disparaît.

Sa sortie brusque, son air afféré, son maintien décontenancé, son agitation, enfin son grand empressement, formaient encore le sujet de la conversation, lorsqu'un moment après, le même homme reparut, déposa la bague qu'il avait au doigt, emprunta sur elle deux autres louis et sortit avec le même empressement.

Nouveau sujet d'étonnement, nouvelles réflexions ; elles n'étaient point encore épuisées, lorsque le même homme revint encore, détacha les anneaux qu'il portait aux oreilles, et les engagea avec les boucles d'argent qu'il avait aux souliers, reçut l'argent, et s'en alla de la même manière.

Je gagerais, dit Floricourt, que cet homme est un joueur ; dans l'espoir de rattraper ce qu'il a perdu, il va jouer jusqu'à son dernier vêtement.

L'évènement justifia la prédiction. L'étranger revint pour la quatrième fois. Du coup, ce n'était plus un homme simplement agité, c'était un misérable forcéné, hors de lui-même, et privé de l'usage de la raison. J'ai tout perdu, dit-il en rentrant, tout, jusqu'à l'honneur; j'ai joué une somme qui ne m'appartenait pas; pour la recouvrer, j'ai mis tous mes bijoux en gages; ils sont également dissipés. Je veux tenter un dernier moyen de ramener la fortune; je n'ai plus que cet habit, il faut que vous l'acceptiez...

En parlant ainsi, le voilà qui défait l'habit que couvrait heureusement une autre lévite, reçoit douze francs, repart, court également les jouer et les perd...

Lequel, dit Floricourt à son ami, lequel, beau censeur, est à ton gré, le plus coupable en cette occasion, ou du prêteur, ou de l'emprunteur? Ce misérable est-il digne de ta pitié, de ta compassion ? Eh bien, voilà pourtant presque toujours les sortes de gens à qui nous avons affaire. Peut-on nous blâmer d'être rigides envers eux ? parle, réponds.

Destival avait encore moins que jamais à répondre, aussi garda-t-il un morne silence; mais il était dit que son tour de se faire connaître allait venir; et tout en humiliant Floricourt, il saisit l'occasion de déployer d'une manière éclatante, sa belle ame et sa rare sensibilité.

CHAPITRE XII.

Le Poëte.

La nuit s'approchait au milieu des observations et de la critique de Floricourt, qui même se disposait à fermer son bureau, lorsqu'il vit entrer un homme d'un certain âge, vêtu d'une redingotte rapée, et couvert d'un grand chapeau rond qui en lui couvrant le visage, dérobait aux regards la moitié de la rougeur, et du trouble qu'il éprouvait. L'embarras où il était, annonçait assez qu'il n'était point accoutumé à se faire voir dans de semblables maisons, et qu'il n'y était conduit que par la nécessité qui pour l'ordinaire détruit tous les scrupules.

Citoyen, dit-il à Floricourt avec dignité, je n'ai point de bijoux à vous offrir, car je n'en ai jamais eu, point d'effets, car ils sont tous vendus; mais je vous apporte pour gage, un objet non moins précieux, et dont je ne me sépare qu'à la dernière extrémité; c'est la collection complète des œuvres de Voltaire; en voici un volume pour modèle; quoiqu'elle m'ait coûté le produit d'une année entière de mon travail, je ne vous demande à emprunter dessus, que la modique somme de vingt écus, afin de pourvoir à mes premiers besoins.

Je ne prête jamais sur de pareils objets, dit Floricourt avec un ton de hauteur mêlé de mépris. De pareilles marchandises ressemblent à de la crême fouettée, et je ne prêterais pas une obole sur cet illustre Voltaire dont vous faites tant de cas. Dans le moment présent, je ne parviendrais pas à en retirer seulement le prix de la reliure; j'en trouverois tout au plus le débit du papier à la livre, et ce serait pour moi une très-mauvaise spéculation.

L'inconnu qu'un pareil discours avait beaucoup humilié, allait répondre, et prouver en deux mots l'ignorance du prêteur, et venger l'outrage fait au premier poëte français, lorsque réfléchissant qu'il est difficile de convaincre la sottise, il préféra tenter d'émouvoir notre prêteur par le détail de sa détresse.

La somme que je vous demande, lui dit-il, n'est point assez conséquente pour vous causer des inquiétudes. Je suis homme de lettres, peu favorisé de la fortune, et forcé, malgré mon économie, de recourir à des ressources humiliantes. Après avoir vendu jusqu'à mon dernier vêtement, je ne possède plus au monde que mes livres, mes seuls compagnons et fidèles amis ; j'ai juré de ne jamais les vendre, de mourir de misère plutôt que de m'en défaire; je tiendrai mon serment, je ne les vendrai point, mais je desirerais les mettre en nantissement pour quelques misérables écus, qui sont nécessaires au soutien de ma triste existence ; l'attachement que je leur porte doit vous être un sûr garant de l'exactitude que je mettrai à venir les dégager. — Cette sublime vénération pour vos livres, répondit Floricourt avec un sourire ironique, est une trop mauvaise responsabilité pour qu'il me soit possible de m'y fier ; cette espèce de marchandise est trop baissée pour que l'on y mette l'enchère ; ainsi vous pouvez hardiment prendre votre parti ; vous n'aurez pas un sol ; je ne prête pas sur une vaine fumée.

L'emprunteur plus humilié de l'ignorance et de l'insensibilité de Floricourt, que de l'affront qu'il venait d'éprouver, se disposait à se retirer sans mot dire, lorsque Destival qui pendant toute cette scène avait eu beaucoup de peine à se contenir, rompit le silence, et s'approchant de cet infortuné, l'invita à venir le voir le lendemain matin. Remportez vos livres, lui dit-il affectueusement; j'ai une proposition à vous faire qui sans doute reculera pour, quelque tems, la privation que vous voulez vous imposer. Venez avec confiance; je suis partisan des lettres, et par conséquent ami de ceux qui les cultivent. Venez en toute assurance; si je ne puis vous offrir des ressources bien efficaces, du moins vous trouverez en moi les conseils de l'amitié; à demain : je compte sur vous.

Notre poëte étonné de rencontrer chez un prêteur sur gages, un homme humain et compatissant, douta pendant un moment de sa sincérité; mais le ton de douceur et d'affabilité avec lequel Destival lui parlait, le rassura bientôt, et le détermina à promettre de se rendre à l'heure indiquée. Il remporta son Voltaire avec joie, en se félicitant de n'être point forcé de laisser son livre chéri entre des mains barbares et profanes.

Lorsqu'il fut parti, Floricourt plaisanta son ami sur sa belle et rare sensibilité qui le portait, disait-il, à se ruiner *par principes*. Rien n'est plus glorieux, continua-t-il sur le même ton, que de se ruiner pour les autres. Il est beau de faire des ingrats, et c'est toujours une jouissance pour une belle ame que de voir son bien changer de mains. Continue, mon cher, à t'appauvrir aussi noblement, et si tu meurs de misère, du moins tu auras la consolation de voir ton nom inscrit tout de son long, dans les pages consacrées aux fastes de la bienfaisance.

Ce ton de persifflage indigna Destival, mais on connait le motif qui l'avait conduit chez cet homme de fer; il avait lui-même besoin de ses services, il fut contraint de dissimuler. D'ailleurs sa conversion eût été un peu difficile; le mal était incurable. Il avait acquis ce degré d'insensibilité qui ne laisse plus l'espoir de la guérison.

Son vertueux ami se contenta de le plaindre en cherchant encore à l'excuser à ses propres yeux.--Présentement, lui dit-il, que ta journée est terminée, je pense que tu consentiras à t'occuper de moi ; tu n'ignores pas les raisons qui m'ont amené ici : j'ai un besoin pressant d'argent pour hâter la décision de mon procès; je ne connais que toi dans cette ville, on me demande cent louis pour terminer mes affaires ; peux-tu me les procurer? Floricourt s'imaginant qu'il avait le projet de lui en faire l'emprunt pur et simple, balbutia, et essaya de s'excuser en assurant qu'il était au désespoir, que tous ses fonds étaient employés, et qu'il ne pouvait en distraire un seul écu, sans nantissement. Tu as raison, lui répondit Destival, en étalant sur la table, les bijoux dont il était porteur, et en le persifflant à son tour sur sa louable prudence, tu as raison; c'est le vrai moyen d'empêcher ta fortune de passer dans des mains étrangères. Aussi crois bien que mon intention n'est point d'abuser de ta bonne volonté. Voici les argumens avec lesquels je veux te convaincre et te rendre serviable.

Floricourt, rassuré à la vue des bijoux qui brillaient à ses yeux, redoubla ses protestations d'amitié, témoigna tout le regret qu'il éprouvait d'être obligé de recevoir un nantissement d'un ami tel que lui; mais que ne sachant, suivant le proverbe, ni qui meurt, ni qui vit, il était toujours bon de prendre ses sûretés ; mais du moins, lui dit-il, je te traiterai en ami, je n'exigerai de toi que le modique intérêt de cent pour cent. Ce n'était pas le cas de marchander : Destival accepta. Les cent louis furent comptés ; l'or fut pesé, éprouvé à la pierre de touche, renfermé dans une armoire à double serrure, aux yeux mêmes de son propriétaire ; et les deux amis se séparèrent avec la promesse de se revoir.

CONCLUSION.

Dès le soir même, le trop confiant Destival courut chez son homme de loi pour lui remettre les cent louis exigés pour le succès de son affaire. Cet argent lui pesait considérablement; aussi, lorsqu'il l'eut remis entre les mains de son avide agent, il se sentit soulagé et s'imagina être débarrassé d'un lourd fardeau. Il revint joindre son Herminie, l'ame satisfaite et remplie d'images consolantes. Herminie elle-même, bien persuadée que ce procès ne pouvait durer encore long-tems, avait fait le sacrifice de ses joyaux avec une gaîté de cœur d'autant plus rare que son sexe pour l'ordinaire ne renonce que difficilement à ses ornemens, et à tout ce qui peut l'embellir. La pauvre Herminie, ingénieuse à s'abuser, était si assurée du gain de son procès qu'elle eût vendu jusqu'à sa dernière parure dans la certitude de la remplacer au centuple avant peu. Cette douce persuasion était le seul bien qui devait lui rester ; il y eût eu de la barbarie à vouloir l'en priver.

Le lendemain matin, l'homme au Voltaire ne manqua pas de se rendre chez Destival, comme ils en étoient convenus. Herminie était encore dans cette situation délicieuse, qui tient le milieu entre le repos et le réveil. Elle était caressée par des idées riantes, et mollement agitée par des demi-songes souvent aussi agréables que la réalité, elle se berçait voluptueusement avec les charmantes chimères qui l'occupaient, lorsque le poëte entra. Il fallait que ce fût lui, pour qu'elle ne conçût pas d'humeur d'une visite aussi importune; mais elle partageait les sentimens de son mari. Elle était douce, sensible et humaine, et le plaisir de soulager un infortuné, valait pour elle tous les plaisirs possibles. Entrez, lui dit Destival, ma femme vous considère déjà comme un ami de la maison, et moi je vous invite à vous regarder comme tel; en conséquence, agissez sans façons.

La confiance ne tarda pas à s'établir entre les deux nouveaux amis. Le poëte fit à Destival un détail exact et circonstancié de ses chagrins, de ses malheurs et de sa position présente. Il en attribua la principale cause à l'état de dépérissement dans lequel les lettres étaient réduites : peut-être avoit-il raison; ce fut sur quoi il eût été difficile de prononcer; mais le motif qui déterminait Destival à lui tendre une main secourable était trop beau, trop généreux pour ne pas applaudir à ses intentions. Je suis à la veille d'être riche, lui dit-il, et par conséquent à même de vous être utile. Dans peu je serai possesseur d'une fortune de vingt mille écus; j'offre de la partager avec vous : j'ai un fils, qui

bientôt

bientôt sera dans l'âge de recevoir des impressions solides et durables, et qui aura besoin d'un instituteur éclairé, ou plutôt d'un second père tendre et indulgent, qui forme son jeune cœur, et qui lui imprime de bonheur des principes de morale et de philosophie. C'est sur vous que j'ai jeté les yeux pour me rendre ce service important : rien ne vous attache plus dans ce séjour détestable, d'égoïsme et d'insensibilité. Venez partager ma paisible retraite ; vous n'avez pas d'ambition, elle aura des charmes pour vous ; l'amitié vous dédommagera de l'injustice du sort.

On doit présumer que cette proposition fut acceptée par notre poëte avec reconnaissance et transport.

Les trois nouveaux amis ne formèrent bientôt plus qu'un trio fortement uni par les plus douces espérances. Flatteuse et délicieuse erreur, tu fus d'une courte durée ; tu devais t'évanouir avec la promptitude d'une ombre fugitive et passagère ! Le bonheur ici bas n'est qu'un songe léger, qu'un prompt réveil fait fuir et disparaître à jamais.

Les quinze jours, les quinze mortels jours qui s'écoulèrent dans l'attente du jugement, furent d'une longueur insupportable. Pour en diminuer l'ennui, on se livra à tous les plaisirs et à tous les agrémens que l'on peut se permettre en pareil cas. Floricourt fut l'ordonnateur des parties. Ce Floricourt qui n'eût pas accordé un seul écu aux cris du désespoir, sacrifiait des sommes conséquentes, et faisait des dépenses considérables pour satisfaire ses goûts, ses caprices et sa vanité. Ce fut lui qui conduisit Destival et sa jeune épouse dans les divers temples consacrés aux plaisirs. Bals, jeux, fêtes, spectacles, rien ne fut négligé : chacun de ces endroits reçut des hommages ; et chacun d'eux contribua à répandre dans le cœur de la foible Herminie, une goutte de ce poison séducteur qu'on nomme *volupté*. A chaque pas qu'elle faisait, cette volupté corruptrice étendait ses ravages et devait par la suite, lui rendre plus pénibles les privations qu'allait lui imposer la fortune. Herminie fut lancée dans ce qu'on appelle la haute société, qui ne brillait aux yeux de l'homme sage que par sa grande bassesse (1).

(1) Une image forte m'a frappé en promenant mes rêveries au milieu de ces grouppes insensibles et folâtres, auxquels le plaisir semble attacher ses livrées et ses ailes, au milieu de ces êtres qui n'ont que des sens et n'ont point d'ame, qui ne sont ni peuples, ni citoyens, ni hommes; qui se placent au-dessous même de l'égoïste et de l'animal avide et sensuel, au-dessous du rien. Espèce d'éphémère sociale qui brille un instant, bourdonne et retombe. J'ai cru voir pâlir la clarté des illuminations. Ces flambeaux de l'amour et du plaisir ne versaient qu'une lueur sinistre, blafarde et ensanglantée, des gémissemens sourds, importuns, prolongés, sortant du sein de la terre, du creux des arbres, et se prolongeaient en échos lamentables;

Partout de l'orgueil, de l'impudence et de la sottise : nulle part de la modestie, de la simplicité ni de la franchise. Dans tous les

---

des ombres semblaient errer, plonger dans l'espace, et se rejoindre à de sombres nuages qu'un vent impétueux balançait sur toutes les têtes : il se fit un vaste silence, un spectre perça la terre. Hideux comme le génie des vengeances, il tenait dans sa main un miroir immense où il forçait chacun de se regarder. Alors la plupart de ces êtres charmans, paraissaient affreux. La plupart de ces parures délicieuses paraissaient dégoûtantes ; presque toutes étaient formées de lambeaux sales et déchirés. Sur l'un on lisait : *Prix de la prostitution* ; sur un autre : *Prix de l'agiotage* ; sur celui-ci : *Dépouille de vingt familles* ; sur celui-là : *Récompense de la corruption...... de la trahison.... du vol.... de tous les* cercles, de nouveaux gens, de nouveaux usages, de nouvelles modes et de nouvelles manières. Dans tous les cercles, de nouveaux riches, de nouveaux gens en place, et de nouvelles parvenues. Partout des agioteurs, des intrigans, des femmes entretenues et partout des dames *Angot*. Enfin, partout on

---

vices.. de tous les Crimes... Ils continuaient de danser, et ce tableau était aussi déchirant que le mouvement du ballet dessiné sur le même air qui exprime l'affreux désespoir d'Alceste. Ils continuaient à s'enivrer, et je remarquai que le spectre leur donnait à boire les pleurs des malheureux qui, pâles, nus, échevelés, regardaient et pleuraient : le spectre souriait d'un sourire atroce.

(Ext. du nouv. *Diable Boiteux*).

voyoit des autels élevés à la sottise, et l'on n'en voyait nulle part d'érigés à la morale, aux mœurs, ni à la philosophie.

Tel était l'intérieur de la société, lorsque l'imprudent Destival eut la faiblesse d'y accompagner son épouse. Chaque pas qu'elle y fit, produisit sur elle un effet tout contraire à celui auquel il s'attendait; son ame n'était point assez forte pour être au-dessus de la séduction; la volupté offre un attrait trop puissant pour y résister, et la sage Herminie, malgré sa prévention, ne tarda pas à y succomber. L'espoir d'une fortune prochaine contribua à préparer sa chûte, et les soins assidus de Floricourt, achevèrent d'accélérer sa défaite. Pour la rendre plus certaine, il débuta auprès d'elle par jouer le sentiment. Renonçant ensuite à ce moyen usé, il porta des coups mieux assurés en flattant l'amour propre. Herminie, sans être décidément coquette, partageait la faiblesse de ses semblables, et n'était point à l'abri de la flatterie. Son perfide séducteur savait que, pour parvenir plus sûrement auprès de ce sexe aimable, il est quelquefois nécessaire de recourir aux louanges, mais il eut l'adresse de ne point les entourer des effets de l'exagération qui, pour l'ordinaire, est la compagne de la fadeur et de l'indifférence. Enfin, pour achever son ouvrage, Floricourt la présenta dans des cercles entièrement voués au plaisir. Madame Destival avoit alors à peine atteint sa dix-neuvième année. Elle possédait toutes les graces, tous les charmes de la jeunesse; une teinte de sensibilité était répandue sur toute sa personne, et il était difficile de la voir sans en être fortement épris; aussi partout où elle fut présentée, elle fut accueillie avec transport. Son conducteur eut soin de l'accompagner de préférence dans les lieux qu'habitent la liberté, l'aisance et la volupté. Paris devint bientôt pour elle un séjour enchanteur, et vraiment enchanté (1). Dans son délire, elle

(1) Au sein de l'hiver, des fleurs que la chaleur y fait éclore, y répandent des parfums. On y lâche des oiseaux : leur gazouillement, un lilas qui sort du milieu

ne sut point distinguer le faux du vrai, et tout à ses yeux parut délicieux et parfait. Elle prit le ton d'impudence de nos nouveaux riches pour de l'usage, leur hardiesse pour de l'aisance et leur fatuité pour de

---

de la table, et qui balance sur le front des convives ses grappes voluptueuses et odorantes, tout, et nous sommes au mois de janvier, rappelle l'image du printems. Remarquez que ces objets agissent moins par leur délicieuse impression, que par leur rareté, sur cette foule de riches qui à force d'accumuler les sensations, finissent par n'en éprouver aucune. Ils sont dans le cas de ces tristes libertins qui, au centre d'un grouppe de femmes, sentent redoubler leur impuissance.

(Ext. du *Docteur Didaculus*).

la facilité (1) ; enfin, la trop faible Herminie devint la victime des per-

(1) Je vous proteste qu'il y a tel homme pour lequel sa manière de cracher ou de tousser m'a donné une violente antipathie. Que dirai-je de celui qui n'écoute point lorsque vous lui parlez, qui adresse à une autre, ou vous interrompt pour conter une histoire qu'il interrompt encore; qui rit d'un sot rire ; qui devant les femmes ou de jeunes demoiselles, mêlera, à une conversation intéressante, un jurement grossier, une expression cynique, qui, tout-à-coup quittera le cercle, pour se jeter ou plutôt pour se rouler sur un sopha, dont il écrase pesamment tous les carreaux, et sur lequel il s'endort et ronfle en votre présence. Celui-ci ne sait ni entrer, ni sortir, ni marcher, ni s'asseoir, ni regarder : chacun de ses gestes est une gaucherie, chacune de ses paroles est une sottise. Cependant il bourdonne, il

fides séductions de l'immoral Floricourt...... Le funeste bandeau qui couvrait ses yeux, ne tomba que lorsqu'il en fut délaissé. Son imprudent mari, tout entier à ses affaires, fut le seul qui n'en fut point instruit. Il ne fut frappé d'un coup de lumière, qu'au moment où le fatal jugement lui enleva toutes ses espérances. Destival perdit son procès, malgré la promesse de son homme d'affaires, malgré la justice de sa cause, et surtout le sacrifice des cent louis. Alors le voile de l'erreur qui, jusqu'à cette époque, avait soutenu ces deux infortunés époux, se dissipa entièrement, et

importune, il domine, il écrase : c'est un nouveau parvenu.

(Ext. du *Docteur*).

leur

leur laissa voir le monde sous ses véritables couleurs, c'est-à-dire, faux, égoïste, trompeur et dangereux. Ce fut surtout la malheureuse Herminie qui ressentit plus douloureusement les effets de ce fatal changement. Les sociétés dont l'espoir d'une fortune brillante leur avait ouvert l'entrée, se fermèrent à la nouvelle de leur disgrace. Floricourt qui ne voyait plus en eux que des gens importuns et à charge, les abandonna entièrement à leur destinée, et alla puiser le dernier degré d'insensibilité dont il était susceptible en continuant le genre d'état qu'il avait adopté. Ils ne tardèrent pas à être totalement ruinés. La justice, pour se payer de ses frais, s'empara, sans pitié, de leur jolie maison rustique située aux pieds du Puy-de-Dôme. Tous leurs amis, selon la coutume en pareilles circonstances, leur tournèrent le dos. Le poëte, à qui ils avaient pris un vif intérêt, fut le seul qui s'obstina à ne point les abandonner dans leur détresse. Si le sort vous eût été favorable, leur dit-il, vous m'eussiez associé à votre prospérité, je ne dois pas être moins généreux, je dois partager vos malheurs. Ce brave homme débuta par trahir son serment en vendant son Voltaire à vil prix pour en employer le produit à secourir ses bienfaiteurs. Il fallait un motif aussi puissant pour le déterminer à un pareil sacrifice, mais on sait que les liens contractés dans l'infortune sont plus solides et plus durables que ceux formés par les convenances, l'intérêt ou les richesses ; aussi nos trois nouveaux amis ne formèrent bientôt plus qu'une seule et même famille, unie par l'estime, la reconnoissance et l'amitié, et ce fut à l'aide de ces douces et consolantes vertus qu'ils parvinrent à se suffire en se passant de leurs semblables, dont jusqu'alors ils n'avaient eu qu'à se plaindre. (1)

---

(1) Voyez la suite, sous le titre du *Tableau comique ou l'Intérieur d'une troupe de Comédiens.*

FIN.

TABLE DES CHAPITRES.

www.ingramcontent.com/pod-product-compliance
Ingram Content Group UK Ltd.
Pitfield, Milton Keynes, MK11 3LW, UK
UKHW020328180726
13839UKWH00002B/595